小栗康平コレクション

Kohei Oguri Collection

1

泥の河

目次

ＤＶＤ製作協力＝小栗康平事務所
協力＝武田由紀子（都プランナーズ）
装丁＝川名潤（prigraphics）
書籍編集＝内藤丈志（ひとま舍）

『泥の河』の視線――前田英樹

映画『泥の河』は、小栗康平の監督第一作で、一九八一（昭和五十六）年に公開されている。撮影はその前年に行われていて、監督はこの時、三十五歳である。映画会社が撮影所システムによって定期的に作品を市場に供給する、という時代が終わった頃に、小栗康平は、独立した映画監督の道を歩き出した。この状況のなかで、なおも映画を撮り続ける意志とは何か、という強い問いが、彼のなかには絶えず渦巻いていたに違いない。言うまでもなく、そこには苛烈な闘いがあった。それは、撮影所システムが築き上げた制作技法を、この青年がすでに完全に、あまりにも完全に身に着けていたことに因る。

『泥の河』には、小栗康平という映画監督の非凡さが、滴り落ちるように浸み込んでいる。彼が、助監督時代に、先人たちの仕事から直接に吸収した技法は、それほど豊かなものだった。吸収したこの若者の側で、それはたちまち豊かに熟したのだと言ってもいいだろう。『泥の河』は、そのことを驚くほかはない完成度で示している。この映画は、画面に現われるその最初のカットから、フェードアウトで閉じられるその瞬間まで、緊密な音楽のように持続して、途切れることも、もつれることもない。

この映画は、自主制作に近いやり方で、桁外れの低予算で撮られたという。しかし、そのことは、作品に何らの安っぽさも与えておらず、むしろ、映画は堂々とした重みで成立している。監督もスタッフも出演者も、それだけの努力を損得抜きにやり、天がそれに報いたと言おうか。

『泥の河』ほど、ロケ地が大きな役割を果たしている映画は、ほかに観たことがない。原作となった宮本輝の小説では、舞台は、昭和三十一年、大阪下町を流れる運河だが、昭和五十五年の大阪には、そういう景色はもうどこにもなかった。大阪だけではない、日本中のすべての都市から、生活の匂いを濃厚に漂わせた運搬水路としての河は、消えていた。監督ただ独りによるロケ地探しは、まさに全国に及ぶ。彼が名古屋の中川運河の址《あと》に見出した風景は、この映画の撮影を初めて可能にさせたものだ。運河の機能をすでに失っているがゆえに、おそらくこの河は、映画撮影が独占する場所になり、その空間は、映画の性質を決定づけるものになった。ここには、奇蹟のような好運がある。

たしかに、『泥の河』は、何よりもこの空間をめぐって成り立つ映画である。芥に淀んだ広い河を挟み、俄《にわ》かごしらえの板張りの食堂と、その真向いに、どこからともなく来て浮かんでいるちっぽけな宿舟とがある。ドラマは、これらふたつの棲家《すみか》の間で交わされる視線から起こってくる。簡易食堂を営む男女の間にできた九歳の息子、信雄が、二階の窓から対岸に現われた宿舟を発見する。宿舟のなかでは、信雄と同じ九歳の少年、喜一とその姉、銀子、それに姉弟の母親が暮らしている。この母親は、舟の操縦室に手を入れて造った小座敷で身を売っている婀娜《あだ》な娼婦である。映画は、泥の河を挟んで交わされる、このふた家族の視線によって支えられている。子供たちの視線は、双方の在り方を怖れながら愛おしみ、惹かれながら溶け合えない悲しみに押し戻される。

だが、物語を進めていく働きは、信雄の視線にあるように思われる。実際、この映画は、三人称による語りの呼吸をしっかりと保ちながら、信雄の視線のうちに現われる人、物、出来事を美しい旋律のように展開させていく。馬車に轢かれて死ぬ鉄屑屋の親爺。小雨が降る橋の上に忽然と現われる喜一。彼が誘う宿舟の底から出てくる銀子。妖しい優しさで微笑みかけるその母親。信雄の眼は、この三人家族に引き寄せられ、宿舟は彼に測り知れない、危険な謎をかける。だが、その謎の向こうにあるものが、覗いてはならない生の残酷さと悲惨であることを、信雄は始めから直覚している。濃い陰影の輝きで光るモノクロームの画面は、信雄の視線から生まれる光景であると同時に、この少年の全身を包む大気のように彼を運ぶ。ショットの連鎖が創り出す律動が、そのような視覚を開いていくのである。

喜一には父親がいない。腕のいい船頭だった父親は、雇い主が強いた無理な仕事で命を落とした。その父親は、酔えば『戦友』の全歌詞が唄える大陸からの復員者である。信雄の父親も、同じような復員者で、戦後すぐに家庭を捨て、信雄の母親と駆け落ちした。命からがら戦争を生き延びたふたりの復員者は、戦後の復興から取り残され、しかも黙した誇りのなか営々と生き通してきた。信雄と喜一の間に流れる同胞《はらから》のような共感は、ふたりの父親が持つ運命の共通性に由来していると言ってもいい。

何年か前に起こった喜一の父親の死は、その家族を社会の闇に突き落とした。信雄と喜一を引き裂くものは、その暗闇である。キャメラの眼は、その暗闇の底を覗く信雄の視線にカチリと重なる。船べりの窓から信雄が覗く娼婦の情事、喜一が灯油を浴びせて火をつけた沢蟹の断末魔。これらの出来事に、信雄の視線は凍りつく。この時、出来事を凝視している者は信雄ではない、暗闇の底でのたうつ未知の生き物のほうこそが、信雄の心を捉え、凝視しているのである。横で見ていた喜一は、一瞬でその事実を悟る。もう決してもとには戻らないだろう、ふたりの間の亀裂を悟る。

信雄の視線と、三人称による語りの情景とが、完全に縫い合わされ、一つになったこのシークェンスのキャメラは、ほんとうに見事である。この視覚がなければ、ふたりの少年にやってくる唐突な別れの意味は、わからない。ふたりの間に横たわる深淵の悲しみは、伝わらない。観客は、ふたりが別れなくてはならない意味を理解するのではない。彼ら自身が理解できない自分の心を、どうして私たちが理解できよう。私たち観客は、ただこの結末を導く運命に服するように、ふたりの別れを黙って受け入れるだけだ。

このような態度を確固として取ることは、職業的な批評家たちにはいたって難しい。彼らは何でも理詰めで納得したり、否定したりする。そのことこそが、映画が現に持つ姿を、他に起き替えられない視覚の複合体を、取り逃がしてしまうというのに。

『泥の河』のラストシーンは、観る者の沈黙をますます否応ないものにさせる。発動機付きの漁船に曳かれて河をすべってゆく宿舟。それを追って河沿いに走る信雄の視線の先に、舟は見え隠れする。三人は、なぜ去るのか、どこへ行くのか。信雄には、そのことがわからず、同時にまた、何もかもがわかっている。呼んでも、呼んでも喜一は、舟底から姿を現わさない。この時、泥の河を曳かれていく宿舟の全体が、後ろから画面の中央に捉えられる。信雄の視界のうちに浮かび上がるその舟の姿は、人間というものが生きていく運命の形そのもののように視える。小栗康平監督の第一回作品は、このようにして閉じられるのである。

対談

小栗康平
×
前田英樹

見るということ

前田――『泥の河』はキネマ旬報ベストテンで一位でしたね。興行収入もよかったんですか？

小栗――よかったはずです。私の映画のなかでは断トツにいいですね。海外配給も順調でしたし、アメリカのアカデミー賞外国語映画部門にノミネートもされました。

前田――第一回監督作品としては、これ以上ない成功というか……。

小栗――それはもう、ありうべからざる成功で、いわば甲子園初出場、初優勝のような騒ぎ（笑）。製作の始まりから公開まで、奇跡的としか言いようのない道筋を辿った映画でしたから、いろいろなことで始まりとの落差が大きすぎましたね。

前田――自主制作作品ということでしたが、どんなふうに資金を集められたのですか？

小栗――業界の配給、興行の仕組みを前提にしないで映画を作る、という意味で言えば『泥の河』も自主制作にはなるのでしょうが、そこもちょっと変なんです（笑）。既成の商業ルートを使わないにしても、出来上がった映画をどのように世の中に出していくか、ということは誰でも考えてから始めるでしょう。それがこの映画ではゼロ。なにも考えていない。木村元保さんという方が、ただ映画を作りたい、だけで始まったものです。木村さんは〝狂〟の字がつくほど映画の好きな鉄工所の経営者。町工場ですが、深川や市川に工場を持っていて、「自主映画」を仲間たちと撮っていたようです。いわば病高じて、三十五ミリで撮りたいと言い始めたのがそもそものきっかけです。私は木村さんがレンタルしていた編集室でお目にかかっていて、そこで顔見知りになっていました。当時、民間ではなかなか使えなかったドイツのスタインベックという編集機材が入っていました。ある時、木村さんが、映画を撮りたい、自分が監督したいと、ただどう撮っていいかよくわからない（笑）。だから、いい助監督が欲しい。「小栗、やってくれ」となった。変な話ですから「はい」とは言えませんよね（笑）。「はあ」と生返事していると「これが終わったらお前に一本撮らせるから」と言う。その話も「はあ」ですよね。そうこうしているうちに彼がやりたいと思っていた企画が潰れちゃった。で、その時、なんとすでにクランクインを想定して生フィルムが買ってあって、事務所に積んであった。それを前にして木村さんが「おい、小栗、お前やれ」となったのです。いっさいが驚天動地です。考えてみると、その後の私の作品も、とんでもないことが起きてくれないと映画が撮れない、そんな事情はどうも根本的には変わっていないなあとも思います。困ったことですが。

前田――それはモノクロ用のフィルムだったんですか？

小栗――いや、カラーネガでした。後でそれを交換してもらうことになったんですが……。木村さんはご自分の工場のまわりで、たくさんの水上生活者を見てきていましたから、私がこれでやりたいと申し出た宮本輝（※1）さんの原作小説をすぐに好きになってくれたのだとは思います。

前田――木村さんにまつわる逸話は、実に面白いですね。よくそういう人がいてくれたものと、不思議に思います。その不思議がなければ、『泥の河』は生まれなかったでしょう。お話を伺っていると、木村さん自身が、『泥の河』の登場人物みたいに思えてくる。昭和三十年代は、大都会の河がまだ重要な輸送路で、街の風景の中心を成していましたね。木村さんにも、その記憶が明瞭にあったのでしょう。

小栗――映画業界のほうは、昭和三十年代半ばから産業的な構造不況がだんだんとはっきりしてきます。昭和四十年代になると映画会社は新人を採用しなくなりました。それまでしたら、撮影所に就職して、なになに組といった名のもとでそれぞれの監督について、やがて会社のおぼえがめでたくなって助監督から監督に昇進する、というのが一般的でした。私たちの世代にとってその道は完全に閉ざされていました。撮影所に変わって受け皿になったのが、ピンク映画と言われた世界です。学生運動などの余波もあって、多くの人たちがここに流れ込んでいます。日活がロマンポルノを始める前のことです。大蔵映画などの独立したピンク映画チェーンというものがあって、大手五社とは別の配給系統を持っていましたから、それなりに量産していました。私の最初の現場体験もそこでした。亡くなられた大和屋竺（※2）さんの現場です。若松孝二（※3）さんが国映という会社で〝性と政治〟みたいなことを過激にやっていました。撮影の時のシナリオには「朝日のようにさわやかに」とタイトルがあって、上映された時には「毛の生えた拳銃」（笑）。大和屋さんの作品です。「毛の生えた」ではどこもロケセットを使わせてくれませんから。

前田――そう伺うと『泥の河』は、日本映画がその製作環境を失ったすぐ後に、信じがたい幸運もあって出現した作品だということがわかりますね。小栗さんは、浦山桐郎（※4）監督のもとでずっと助監督をやっておられたでしょう。その頃の撮り方には、まだ撮影所システムというのは残っていましたか？

小栗――まだ残っていました。ギリギリ残っていました。私たちはフリーの助監督として作品ごとの契約でいろいろな撮影所に出入りしていました。私は東宝が多かったのですが、正社員だけでは助監督が足りなくて、二班程度しか組めません。その足らないところをフリーと言われる助監督が入って、補完していくのです。技術パートはそれなりの人数が残っていましたから、フリーの人はそう多くはいませんでした。浦山さんは三本目の『私が棄てた女』まで日活で撮ったんですが、その後に日活がロマンポルノに政策転換をしたので、飛び出したんですね。その時に温めていたのが五木寛之さんの『青春の門』で、これがなかなか成立せずに十年以上後に東宝の製作者、藤本真澄（※5）さんのもとでかたちになった。浦山さんは東宝での仕事が初めてでしたが、私は多少なりとも知っていましたから、監督付き、といった感じで助監督として入ったのです。

前田——浦山監督とは、どんなふうに出会われたのですか。

小栗——学生時代の頃ですが、シナリオ作家協会が今で言う塾のようなものを持っていて、そこでお目にかかったのが最初です。篠田正浩（※6）さんともそこで会いました。浦山さんは私がその後に一時期、ピンク映画をやっていたことをご存じで、撮影所でしっかりとした撮影を経験しなくてはダメだ、と心配してくれてもいたのです。私が付いたのは映画では『青春の門』の筑豊編と自立編の二本だけで、後はテレビの『飢餓海峡』です。本数は少ないですが、映画の根本を浦山さんから学んだと思っています。

前田——なるほど、そうでしたか。どうしてこうした背景ばかりお聞きするかと言いますと、『泥の河』を観るたびに思うのです、作品の技術的完成度が異常に高いと。それまで日本映画が蓄積してきた撮影方法をまったく綻びなしに駆使している。三十五歳の青年がですよ。もちろん、小栗さんの飛び抜けた素質があってのことでしょうが、それだけでは到底説明がつかない。今お話を伺って、少しわかったような気がしました。小栗さんは、どうやら撮影所システムがまだどうにか機能していた現場で、映画技法を伝えられた最後の世代なのかと感じますが、どうでしょうか。

小栗——そうですね。私の世代で辛うじて間に合ったのかもしれません。私の後になると映画会社がそもそも映画を作らなくなって、できたものを値踏みして配給、興行していくだけになっていきます。撮影所のスタジオはレンタルされてはいますが、予算規模から言えばなかなか使えません。機材が軽便になったことと、それまでの映画会社から出てくる企画では絶対に思いつかない、若い人たちの映画的な想像力、ニュー・エンターテイメントとでも呼びたくなるような映画が出て来て、それらは必ずしも撮影所の虚構性といったことを必要としない。プライベート・フィルムから出てきた人たちには、ことさらそうした傾向があった。これは映画業界のかたち、経済、観客層の変化などなど、さまざまな要素がからみあってのことでしょうから、いい悪いを一概には言えないのですが……。ただ、撮影所の映画と、独立プロを含めて撮影所外の小予算の映画とを比べてなにが一番違うかと言いますと、まずは美術ですね。それからライティング。セットを組んで撮るのか、現実の場所を借りて撮るのか、では見えるものに対しての態度が根本的に違ってきます。照明は、今のデジタルカメラとは違い、フィルムではそもそも感度が低いというところから始まっていますから、それなりのライト量を必要としていました。夜間撮影ともなれば、照明助手だけでも十何人もいる。それなりの規模でお金をかけて撮ることを経験しているかどうかは大きな違いになりますね。

なにもない真っ暗なステージ、音も聴こえない、光もないところ、そこでセリフとしての言葉を含めてどのような音を聴きたいのか、光があたって初めて見えてくるものはどういう見え方がいいのか、そうやってステージのなかから映画を原理的に考えていく。これはフィクションとして映画が成熟した大きな力だったと思います。映画表現は機械を使うのですから、技術が必要です。そこでの技術の積み重ねは、おろそかにはできないものです。

ただ一方で、映画は産業のシステムとしては崩壊していく。それに合わせるように、大島渚（※7）さんなどを筆頭にした松竹ヌーヴェル・ヴァーグ（※8）と言われた人たちが、いわば〝反・小津（※9）〟というように旧世代の映画を壊すかたちで出てきて、監督プロダクションというものが成立していった。浦山さんは大島さんたちと年齢的にはあまり違っていませんが、浦山さんの兄貴分にあたる今村昌平（※10）さんを見ても、ヌーヴェル・ヴァーグとは一線を画してきている、そんなふうに私には思えます。このあたりはもっと丁寧に映画史を見ていかないといけないのではないかと思います。

撮影所でフリーの助監督としてやらせてもらったものの、作品数としては十本にも満たないですし、私に撮影所で鍛えられたという自覚がそれほどあるわけではありませんが、フリーとして撮影所のなかに入るということは、その崩壊を、壊れを、フリーとして補完することで食って、勉強もしていたわけですから、感情的には複雑です。技術を含めて日本映画の伝統と言っていいものが、撮影所には明らかにありました。その財産の大切さはわかっている。でもそこで自分が一本立ちすることは絶対にない。だからと言って、ではヌーヴェル・ヴァーグと呼ばれた人たちと同じように、政治的、社会的、都市的、個人的に、新しい映画、作家性を際立たせていく映画が自分の撮りたいものか、と言えばそれは無理がある。そんなふうに一直線には自分は映画に向かって行けない。すぐ前を先行する世代を見ながら、その彼らを見ながら「これは違う」というのが、私の映画的な感受性でもありました。

前田——そうなんだと思います。松竹ヌーヴェル・ヴァーグが好きな人にとっては、小栗監督の作品はどう受け止めていいかわからないと思いますし、逆に和製ヌーヴェル・ヴァーグなんぞまっぴらという人にとっては、『泥の河』はなんとも言えずよくわかる。心に沁みるようにね。私は、もちろん後者でした。

小栗さんは、撮影所のシステムのなかで洗練されてきた映画技法を、ほんとに驚くほど短期間で吸収されている。『泥の河』には、もちろん別の面もあるわけですが、蓄積された映画技法による〝語り〟というものが明瞭にあって、それがおよそ新人離れした巧みさで観る者を引っ張っていく。最初のクレジットタイトルから、音楽が入ってきて、最終シーンまでの流れが完璧で、映画を観終わった後、なんと言うか……〝一つの音楽を聴いた〟というような印象を受けるんです。

ある意味では、最初の作品であまりに完成された映画を撮ってしまった。これ以上、なにをやったらいいか、という問いが、小栗さんにはあったと思うんですね。それは、『泥の河』を否定することによってじゃない、これを継ぎ、これを内側から突き抜けていくような映画をいかにして撮るかです。こうなったら、もう頼りにできるお手本はない。そんなことだったんじゃないかなと思うんです。

著書『映画を見る眼』で小栗さんは書かれていますね、『泥の河』で信雄が初めて喜一の宿舟を訪ねていくシーン、非常に巧みな、安定した語りを導くカット割りなんだけれど、定石に従っただけのもので、今から観直《みなお》すと恥ずかしいと。これは、つまり映画とはなにか、映画の本性《ほんせい》はどこにあるのか、という問いでしょう。『泥の河』の後、小栗さんにはもうその問いにまともに向き合う道しかなかった。

ところで、この映画は、最初のカットから最後まで、一つの〝場所〟を濃密に現われさせる作品になっていますね。主役は、河だと言ってもいい。いたって低予算という条件を課されたこの映画にとっては、よいロケ地を見つけ出すことがまさに成否の鍵だったでしょう。全国を探し歩いた末に、とうとう名古屋にある運河の跡を見つけられたそうですね。

小栗――舞台は大都市の河口付近の話ですから、昭和三十年代の風景などもちろんのこと、どこにもそんなものは残っていません。設定として、人の暮らしと川とが隔てられていては成り立ちませんので、それが難しかったですね。名古屋で捨て去られたような運河に出会った時には僥倖とすら思いました。道路から石段が降りていて、川辺に空き地がありました。

さほど広くはないのですが、かつて艀《はしけ》が行き来していた時には荷物の上げ下ろし場だったそうです。そこに食堂のオープン・セットを組んだのです。『泥の河』は当初予算では三千万円を切っていましたから、ふつうに考えたらとてもじゃないけれど無理な話です。配給も決まっていない新人監督の仕事で。でも作ってあげよう、撮らせてあげようと、みんなが頑張ってくれた。美術監督が大映京都の内藤昭（※11）さん。溝口組の美術監督、水谷浩（※12）さんのお弟子さんです。ですからオープンを建てたのは大映京都の大道具。二階も一部、そこで撮れるようになっています。人物を入れ込んで、いくつかの河の向こうを撮るショットがありましたから。その同じ二階部分を一部、東京の小さなスタジオでセットに入れてもいます。けっこう複雑にオープンでのロケとセットでのショットが組み合わさっています。

前田――ロケ地の石段から、店のなかを捉えるショットがいくつもある。あの店は、いいセットですね。

小栗――石段で、一段下りたところに広場があって、そこでオープン・セットが組めて、対岸に舟がつなげるという、この位置関係がここで捉えられたことが最大のヒットでした。この土地が低い、というのも肝心なんですね。艀で生活する人たちはトイレも基本、外でします。女の人たちは水位が低くなった時に、船べりで用を足すのだと言います。道路から見えにくくなるからなんですね。ふだん意識していないような、こうした風景の高低差といったことも、映画美術として大事ですね。内藤さんは見事にそこを見抜いておられました。

前田――最初のカットから、一つの場所の拡がりと奥行きが、一挙に、見事に捉えられている映画だと思います。河沿いに建っている板張りの食堂、泥河と、それを挟んで真向いに浮かんでいる宿舟、この三つの関係が、映画を決定付けている。登場人物の行動も視線も、この関係のなかで成り立っていますね。

『泥の河』は、撮影所システムの技法に従った語りがきちんとある映画ですが、小栗さん固有のスタイルも、すでにあちこち顔を出している。私が好きなショットですが、信雄の両親が宿舟に住む貧しい姉弟を家に招きますね。三人の子供に晩御飯を食べさせた後、主人公の母親が姉のほうの女の子に、ちょうどいい大きさのワンピースがあると言って奥の部屋に連れていくでしょう。ワンピースを着せられた姉が、出て来る。信雄の父親が子供たちに手品をやってみせた後、姉弟が帰るという時に、姉が奥の部屋に入って行って、ワンピースをきちんと畳んで持って出てくる。出てくる前に、部屋の入口が空ショットになって、しばらく映っている。語りと無関係な不思議な長さで。あれは小栗さんのものだと感じますね。もちろん、あの空ショットの時間は姉が奥で着替えている時間でもありますが、それだけのことなら、別のもっと上手い処理の仕方があるでしょう。あの無人のショットには、夜の運河の全体と溶け合うような闇の時間がある。いや、それ以上のなにか神秘的な静寂を感じます。

それからもう一つ。田村高廣（※13）が演じる食堂の親父が、捨てた元の奥さんが死にかかっているっていうので、京都の病院にお見舞いに行かなきゃならなくなる。今は女房同然にしている藤田弓子（※14）が、近所のタバコ屋の婆さんに「そんなとこ、私は行きたくない」って泣きごとを言う。婆さんが諭す。いいやりとりです。次にショットが変わって、食堂の全景になる。その全景がいいですね。運河沿いの粗末な板張りの食堂、そこでひっそりと懸命に暮らした男女の十年、そういうものが全部出ていて、しかも、あくまでも静かです。

その先も面白いですね。シークェンスが突然がらりと変わって、ベッドで寝ている元の奥さん、八木昌子（※15）の顔が、画面いっぱいのクローズアップで映し出される。その顔が、別れた夫婦のなにもかもを一瞬で語ってしまうわけですが、ああいうアップを今の小栗さんは決して撮らないでしょう。シークェンスのこの転換は、筋の運びとして非常に引き締まっていて見事だけれども、第二作以降の小栗さんのものではないでしょう。

小栗――そうですね。

前田――ふつうなら、顔のクローズアップに行く前に、三人が病院に入っていくシーンとか、廊下を歩くシーンとかを挟むと思うんですが、そのあたりを全部飛ばしていきなり顔のアップになる。それでこそ、一挙に全部がわかる。

小栗――いきなり病室ですもんね。撮影前にいくつか迷いなく思い浮かぶショットがあるのですが、あそこもそうしたものの一つでした。その後、八木さんが信ちゃんを触ろうとして手を伸ばすのですが、それも手の極端なクローズアップです。人との距離、場所が示す距離、あるいは距離が示してくれる時間、といったことだったでしょうか。

前田――なるほど、そういうこと、ありますね。それにしても……病院でのショットの省略は、一種の作劇法だけれども、その前にくる食堂の前景を捉える無人のショットは、そうではありませんね。あれは省略どころか、一種の過剰です。あれはただ、男女の十年の歳月を示すだけじゃない、誰からも視られることなくただそこに在るものを示すショットです。それが男女の十年に重なって、時間というものの巨大な二重性を表現するものになっている。ああいうところに、すでに後年の小栗さんが顔を出していますね。

小栗――『泥の河』から『伽倻子のために』(※16)を通過して私の映画は大きく変化していって『FOUJITA』(※17)にまで至るのですが、前田さんのおっしゃった場所、場の持つ意味とか力ですね、それがどんどん深くなってきているように思います。『泥の河』にすでにそういうことの萌芽があったんだろうと思いますが、考えてみれば、映画のタイトルがそもそも場所を示しているものでした。

前田さんとお話をするということで、三十五年前の映画を久しぶりにDVDで見たのです。『泥の河』からずいぶん自分は遠ざかってしまった、という思いがあるものですから、もういいかなあ、という思いもあって（笑）、長いこと見ていなかったのです。そしたら気づくことはあったんですね。場のことともつながるんですが、セットもありますけども基本はロケですね。河があって、その河を挟んで食堂と舟があるという、この位置関係が基本となってできているお話です。そういう意味でも、準備段階での場所探し、というのが最初の監督仕事、だったのですね。あらためて見ていろいろ思い出したのですが、〝離れたものを見る〟という行為が原作のなかにすでに構造としてある。一本目の監督作品として、「映画監督としてものを見るとはいったいなにか」ということを最初から問われてもいた、そう思ったのです。その後に自分が終始、問い続けることになる、映画の〝見る〟とはなにか、を自分は『泥の河』から出発した。このことも幸運でした。どんな目で映画を撮りたいと思っているのか、新人監督としての問いが、成立しやすい中身だった、ということでしょうか。

信雄が河向こうにもやっている舟を見る、あるいは訪ねていって、無人の舟を見て、気圧されたように近づくことができず、持っていったラムネを三本、河に投げつけると、そこに大きな艀が来かかって、それを見送る。つまり〝見る〟ということが、主人公の感情とともにある。これはいわば、映画的なだまし、錯覚とも言える、映画が作り上げた話法の根幹ですね。そうした意味での〝見る〟ということが、『泥の河』には随所にあるように思えます。

前田――なるほど、確かに。『泥の河』は、小栗さんの映画のなかでも、一人称の、いわゆる「見た目ショット」が一番多く入っている映画でしょう。あの映画自体が、少年の眼を通して見られる一貫した物語によって作られていることもある。その線に沿って組織された語りのリズムは、申し分ない。ただ、この映画には、そのリズムからはずれていくもう一つの視覚がはっきりありますね。それは人物の動き、位置関係、心理状態なんかを説明するショットでもなく、〝この場所がここに在る〟というショットです。一つの場所が厳然として在って、それこそがキャメラが持つべき真の対象だということです。

小栗さんが、映画に主体というものはないんだ、監督というのは見る主体ではない、キャメラが回っていて、そこに写っているものを自分が見ているんだと、そういう経験しかしたことがないんだと、おっしゃっていますね。映画の視覚は、本来そうしたものだと思います。映画のそのような本性というのかな、それに従い、それを遣い尽くすやり方がある。映画本来の視覚は、いったいどこまで届いて、どんな意味を産み出すのか、という問いですね。言い換えると、映画という視覚機械が、いったいどのような〝現実〟をこの宇宙のなかに産み出すのか、ということです。このことについての小栗さんの探究は、最初の『泥の河』から、すでに始まっていると言えますね。

小栗――カットバックでショットを切り返して、お互いが向かい合って喋っているように錯覚される、あるいはおっしゃったように「見た目ショット」として、その人物が見ているものとして画像を受け止める、こうした感情の動因に乗って、言葉が持つ方向性が強められ、見る人のなかにストーリーが形成されていく。映画で起きている事柄がそこに心地よく乗っていく。今の自分にはもうこういうことはできないなあと、少し気恥ずかしい思いもあるのですが、そうしたことも含めて『泥の河』はとても素直である、とは言えますね。配給会社が『泥の河』をカンヌにエントリーした時に「小津の亜流じゃないか」という批判があったと聞きました。小津さんは私が最も尊敬している映画監督ですが、亜流ではない、今を生きる自分として「反・小津」ではない映画を撮っている、という思いがありましたから、ちょっと残念ではありました。さらに日本ではバカな評論家が「現代性に欠ける」だとか、まったくトンチンカンな批評をしたりして、作品が世に出た当初にはそのあたりのことがよくわからないんですね。抒情とかロマンという言葉が、まったく否定されていた時代でもありました。

前田――面白いことに『泥の河』は、小栗さんの映画のなかでは、小津の原理から最も遠いところにある作品だと思います。第二作以降でしょう、小津の原理が真に小栗さんのなかで意識され、創り直されていくのは。『泥の河』には、どこか松竹監督風のそつのなさはあっても、小津を感じさせるものはほとんどありません。

小栗――小津さん以外の松竹となると……、木下恵介（※18）さんですか。

前田――まさにね。木下恵介を感じさせる朗々とした流れの滑らかさというか、そういうものならあると思いますよ。時折出てくる無人のショット、その長さは、むろん小津風と言えば小津風ですが、部分的にそんなことを言っても仕方がない。映画全体が聞かせる音楽は、小津の調子とは始めから別のものですね。

小栗――宮本さんがお書きになった『泥の河』には物語の起伏、つまり、出会いがあって、仲良くなって、別れていくという物語上の起伏がはっきりと根幹にあって、そうした物語の持っているムーブメントと、映画の動静というのは切り離せない。小津さんはいわゆるドラマとしての起伏を切り捨ててホンを書いた人ですが、『泥の河』でそこを切ってしまったら、あの原作ではないわけで、そこはいたしかたないと言いますか、そういう映画だとは思っています。

主観的なショットというか、登場人物の感情に沿っていくショットがあり、人物たちの位置を示すショットがあり、もう一つ、三つめのショットは、それらのすべてを含んだ全体をどう見るか、というショットがある。そんなふうにも思っていました。やはり私の師匠筋にあたる篠田正浩さんが『泥の河』の試写を見た後、ラストシーン、のぶちゃんがきっちゃんを追いかける長いシーンで、「小栗くん、あれは長いよ、オレだったら半分の尺で済ませる」とおっしゃったのですが、ああ、それは全然違う、そういう物語の段取りでそこは撮っているのではない、と反発した思いを持ったことを覚えています。舟に近づいたり離れたりするわけですが、ただ声が届くところに寄る、寄りきれないで諦める、ということではなくて、私たちが見ることで、なにごとかとの距離を確かめる、それは孤独といったことかもしれない。見ることそのものに内在している、見ることとの孤独。あるいは静けさ。そのことの発見のために必要な長さでした。映画を撮り終えて、ラストが別れということもあったでしょうが、見ることとの哀しみといったことを、私は『泥の河』であらためて胸に秘めたような気がしました。カメラで被写体に向かう、私の基本となるような感情でした。

前田――そういうことでしょうね。追っても追っても、名前を呼んでも呼んでも、相手は遠ざかっていく、振り返らない、こういう種類の悲しい夢を僕らは誰でもよく見ますね。生の根源にある悲しみだからでしょう。あれで舟からちょこちょこ喜一が出てきて、手でも振ったら、映画はぶち壊しになりますから。

小栗――撮影する時は乗ってませんので（笑）。

フレーム、啓示すること

前田――僕らの肉眼というのは、フレームを持ちません。どこから見えて、どこから見えなくなっているかということはわからない。映画のフレームは、見えるところと見えないところをはっきり区切っている。フレームには、二つの機能があると思います。一つは、内側を限定する、内側のものを集中して見させるという機能と、もう一つは、見えない外側を感じさせる、暗示する、という機能と。暗示は強まれば啓示になります。外に在る無限ななにかを〝啓示〟する力がフレーミングにはある。見ることが、そのまま見ることを超えていく機能です。フレーミングをあくまで厳密にやろうとする映画監督は、その機能をよく知っています。ひっきりなしの移動撮影で、人物の行動ばかり追いかけている監督は、映画固有の力をまるで信じていないし、知らないのだと思う。

小栗――作品で組むカメラマンによって、阿吽の呼吸といったものは違ってきますけれど、フレームを切って上手くいっている時は、一ミリも違ってないと確信できるんですよ。それが決まらない時にはいつまでも決まらない。「フレームというのは画の精神だよ。それが定まんないでなにが撮れるんだ？」と言ってみたくなったりします。見えなくなっているところからどう啓示を受けるか、ということもそういうことですね。

前田――眼に見えるどんな細部も、〈開かれた全体〉への通路を持つのだという感覚、これを僕らは現実生活のなかで忘れています。キャメラのフレーミングは、その感覚を呼び覚ますと言っていいでしょう。眼の前にあるコップ一つが、宇宙の全体を一挙に啓示するということは大いにありえます。写真や映画のフレーミングは、その啓示を易々と万人のものにする力を持っている。映画監督がこれを忘れちゃ、大きな損ですからね。

小栗――カメラによってフレームを持つということは、私たちの眼が現実の有用性から離れるということではないでしょうか。フレームを切ることによって、これがどう役立つかとか、どうわが身の安全を守るかとか、そういう現実とはいったん関係を絶つ。有用性から離れて、もの自体の在り方、見え方を映画的に捉え直すということじゃないかと。

前田――現実生活のなかで、眼に固定フレームがあるとしたら、これは危険なことですよね（笑）。身の危険がある。乱戦のさなかにある兵士が、ゴーグルなんか付けさせられたら大変だ。できるだけ拡がりのある視界を持つことが、行動する上では有利、有用でしょう。だから、人物の行動をひたすら追う映画、スペクタクル映画なんかは、ワイドスクリーンが適しています。これまで、映画のスクリーンというのは、横に拡がったことはあっても、縦に拡がったことはない（笑）。縦の長さは、見えない奥行きに関わっていますからね。

小栗――『泥の河』はスタンダードサイズ（一対一・三三）です。リュミエール（※19）の時から映画はこの三対四の縦横比です。画面の奥行きとして一番いいサイズです。横に広がると、芝居を縦の構図に収めにくくなる。左右が開いてしまうからです。『伽倻子のために』はカラーでしたが、サイズはまだスタンダードで、『死の棘』（※20）でようやくヨーロッピアン・ビスタ、一対一・六六。今度初めて『FOUJITA』で、一対一・八五というアメリカン・ビスタのサイズになりました。こうなると感覚的にはほとんどスタンダードの倍に近い横幅です。根本的に違いますね。動きを拡大する、つまりはスペクタクルにするには横を広くしないと見えない。そもそも動きというのは横からこそよく見えるもので、縦に入っても変化がよくわかりません。動きの拡大にはならない。横に広げて動きを拡大するという考え方と、奥行きで深めていくという考え方と二つの流れがありますね。もちろん私は縦で、のほうです。

前田——映画には行動を語るという要素もなければいけないけれども、この世界に奥行きというものを見なくなったら、映画はつまらない薄っぺらなもの、行動の現在を追うだけのものになってしまいます。だから、画面の横と縦、つまり拡がりと奥行きの関係をどのように設定すれば映画の表現として安定するのか、ということですが、一対一・三三のスタンダード・サイズというのは、二十世紀初めの探求から究極的に出てきたものなんだろうと思うんですね。小津安二郎は、周囲から「なぜシネマスコープ（一対二）を使わないんだ」と聞かれて、「俺の映画は三対四のあのサイズのなかで磨かれてきたものだから、あれが一番安定している。もし横に広いサイズでやるんだったら、それ用の映画にしなければいけない」と言っています。「日本でほんとにそんな映画を撮っているやつがいるか？　そういうサイズがあるから、〝じゃあ俺も〟ってやっているだけだろ」って（笑）。

小栗——そもそもが表現の側からサイズを拡大してきたとは思えません。興行側の要請だったり、技術屋さんがどんどん勝手に技術開発してしまったり、という側面もあったかと思います。どうでしょうね、まずはもっと大きなスクリーンで見せたいというものがあったと思います。

前田――スペクタクルへの興業的要請ですね。

小栗――そうです。表現する側がどうしてもサイズを拡げてほしいという流れではなかったんじゃないでしょうか。いつでも技術革新ってそういうものですね。ビジネスサイドの人たちは、必要もないのに4Kから8Kに移行する（笑）。こういうことは延々と繰り返されますけども、8Kでテレビを見ていたら、見えすぎて発狂しないかなあと心配にもなりますよ。

前田――だけど、創る人間としては、そう簡単には変われない。技術はどんどん変わっていっても、創る側は、やはり同じ身体を持つ人間ですからね。根本的には、そう変わりはしない。

小栗――前作の『埋もれ木』（※21）で初めてデジタルカメラを使いました。今度の『FOUJITA』もデジタルなのですが、この十年ですっかりよくなりました。驚くべき早さで変わっています。私などは浦島太郎の心境になりました。フィルムとの比較ではなくて、積極的にデジタルだからこそ撮れた画像に『FOUJITA』はなっています。映画はいずれにしても近代の物質性で成立しているのですから、道具としてどう見極めていくかはとても大事ですね。

前田――新しい技術に作家が関心を持ち、映画の撮り方が更新されるのは、当然のことだと思います。小栗さんは、ずっとそうでしたね。たぶん今の若手監督よりはるかに機械技術に詳しい。小津安二郎は、最初にトーキーが出てきた時に、トーキーをずいぶん研究して、これならやれるって確信を摑むまで『一人息子』(※22)を撮らなかった。カラーについてもそうだったと思うんです。映画界はすっかりカラーの時代なのに、お前だけどうしてやらないんだと周囲からしつこく訊かれる。余計な世話を焼くもんです。小津は、映画が色を持つとはどういうことかと、徹底的に考えたんです。考えて考えて、ついに『彼岸花』(※23)で実験してみた。他の監督など眼中にない。

映画は、トーキーを取り入れて新しい表現に達することはできる。色を取り入れても、映画は意味のある新しさを創り出せる。ワイドスクリーンだけは、そうじゃない。あれは映画の本性を破壊する、というのが小津の考えだし、思想ですね。

小栗さんがおっしゃったとおり、スタジオは真っ暗なところだから、そこにまず光を入れる。色はその光のなかに、感覚要素として潜んでいるわけです。外の音も入ってこないから、そこに音を入れる。色も音も全部取り入れられ、集められたもので、それらをどう構成するかは全部作る側に、監督にかかっている。

映画にトーキーが入ってきた時も同じことです。画像と音響がぴったり一致している必要はない。遠くのものが、ごく近くに聴こえることがあって、もちろんいい。一つの音響空間をいかに設計して、画像と結合させるかです。小津は『鏡獅子』(※24)の時に、もうそれを考え抜いていています。ただし記録映画なので、そう自由にはやれない。次作の『一人息子』が、実質上のトーキー第一作になる。ここにくると、音響は、完全に画像から独立して複雑な働きを創っている。画面の外にいる人物が、どんどん喋る。背中を向けている人物だって、いくらでも喋る。あれはサイレント映画では決してできなかったことです。音響空間と視覚空間の映画だけが創り出せる結合体というものがある。そこへ向けての探求ですね。画面に音を付ければトーキー映画なんじゃない。トーキー映画というまったく新しい視聴覚世界が創り出せなかったら、俺はサイレントでいい。小津はそう考えていたと思います。

小栗さんは、音の設計というものを、実に綿密にやっておられますね。

小栗――サイレント映画の経験はもちろんありませんし、さすがにサイレントには戻れないので、スタンダード・サイズ、モノクロで一本目をスタートしたのですが、音声をステレオにしたのもずっと後になってのことです。

『泥の河』はカメラマンにしても、録音技師にしても、美術監督にしても、撮影所育ちの大ベテランに参加してもらいました。助監督時代の恩恵、ご褒美でした。音については、助監督時代から、録音技師の西崎英雄（※25）さんの薫陶を受けてきました。小林正樹（※26）さんの『怪談』で一本になられた方です。作曲家の武満徹（※27）さんとの仕事も多く、大島組、篠田組の常連でもありました。たくさんのことを学ばせてもらいましたが、セリフは映画の音の一部でしかない、これだけは助監督の時にはっきり確信しました。音響とはただ単にセリフを追いかけることじゃないんだと。沈黙がありノイズがあり、聞こえるものの一部として言葉もある。聞こえているものと見えているものとの相互の関係は、本来、自在である。聞こえるからといって、それだけを俳優のセリフに預ける理由はなにもない。こうした考えは『泥の河』の時にもあったように思います。

前田——一本の映画を形成する音の拡がりということでは、言葉も他の物音も同じ対等の聴覚要素ですからね。音響記号と言っていいかな。

小栗——視覚はフレームで切り取るように、自分で首を回したりすれば視野を選択できますが、聴覚は基本的には切り分けられませんね。三六〇度から聞こえてきます。これは見えることと全然違うことです。でも映画においては、当然のことながら音も再構成できます。耳に入ってきた音は分けられませんが、マイクで撮ったものは物質ですから、選別できます。できない時には、別々な音として作り直せばいい。今どきの音声の調整卓は、百を超えるラインに別々な音を入れていくことも可能ですから、音の表現としては広がっています。ただそこで大事なことは、視覚のフレームのように、聴覚のフレームというものを作り手が持たない限り、画と音は格闘してくれない。音はいくらでも重ねることができますから、うっかりするとどんどん音が厚くなっていきます。音は入れることより抜くことのほうが難しい。これも西崎さんの残された名言です。

前田——映画固有のフィルターに音を通すということでしょうか。僕らの日常生活では、個々人の身体や運動能力に応じた聴き方しか絶対にしない。行動に必要なものしか聴かない。なかでも言葉は格別に重要な聴覚情報だから、誰かが喋るのを聞いている時は、他の音はまず耳に入ってこない。つまり、身体の行動が設定したフィルターでどんどん削られた後の、わずかな音だけが耳に入ってきている。映画にも、映画固有のフィルターが必要なんだけど、それは身体の行動を目的としたフィルターではない。映画だけが生み出す音響の取り入れ方、構成の仕方というのがあって、その音響空間がなにを表現しているかですね。むろん、このことは視覚空間でもまったく同じです。映画固有のフィルターを通った視聴覚要素が、この世界の〈開かれた全体〉をどのように啓示するか、という問題です。その啓示が、一つの確固とした宗教的感情を新たに産むことは、いくらでもある。ドライヤー(※28)、ブレッソン(※29)、タルコフスキー(※30)、エリセ(※31)、そして小津、みなそうだと思う。今の日本では、そういう監督は小栗さんを措いて他には考えられない。

先日、『FOUJITA』を拝見しましたが、どうも、ますますそういうことになっていますね。視聴覚空間の厳密な設計が極まっています。祈りにも似た厳密さがある。映画を娯楽用の見世物としてしか観ない観客に、これが感じられるかどうか……映画評論家だって怪しいものだ。

小栗――そうですね。前田さんが、小津さんの『一人息子』について、後姿でセリフを喋っていて、こうしたことはサイレント時代では絶対にありえない表現だとおっしゃいましたが、フレームで切り取られた人物の位置や大きさ、またそこで作り出された空間がどのように広がっているか……小津さんで言えばローアングルの画像ですね。ローということは当然フレームの上のほうが空きますね。『一人息子』で言うと、先生方と会う宴会のシーンなんて、驚くほど上が空いています。人物たちが宴会で畳に座っているということもあるのですが。それよりも、あのように思い切ってフレームの上を空けることによって、ある音が出せるんです。音の響く、音が鳴る広がりを用意してあげる。それはセリフでもそうで、後姿で表情が見えないからこそ、距離を無視して音声を出すことができる。それが視覚と聴覚の、映画的な行ったり来たりなんだと思います。

前田——なるほど、あの大宴会のシーンは確かにそうなっている。小栗さんならではの着眼ですね。

道徳と品性の系譜

前田——現在、日本で活動している映画監督については、どう思っておられますか？

小栗——陰険な連中が多くなりましたねえ。そして陰険の裏返しで、権力的な言動。

前田——うーん、そうですか、卑怯なところがあるんですかね。映画が金儲けと売名に縛られると、映画表現にとって一番大事なもの、小津はそれを思い切って「道徳」と言ってますが、それが滅ぼされてしまう。

小栗――ここから対談を始めましょうか（笑）。なんて言うのか、いい才能が集まりにくくなっていることは確かですね、映画というメディアに。商業的な成功だけではなくて、もう少し芸術・文化面での評価もあれば若い人も集まれるのでしょうが、今はもうみんなひねて、ひと癖もふた癖もありそうな人たちばかりが集まってくるから（笑）、そのことがまた、映画業界そのものを貶めていく。それと現行法では監督は著作権（著作財産権）を持てていないのです。これも致命的です。

前田――それじゃ、「道徳」のある人は映画を作らなくなってしまう（笑）。

小栗――演出パートよりも、技術パートのほうがいいかたちで新陳代謝をしているんじゃないかな。撮影、照明、美術の若い人たちには、やはり最低限、技術の伝承というのがあるので、その分つながっていくんですね。映画監督の技術というのは伝えにくいから途切れてしまう。それに売名力と資金力さえあれば、監督になれるわけだから（笑）。でもその「道徳」というものがそもそも理解されなくなっていませんか。

前田――ここで「道徳」というのは、説教であしろこうしろという話ではなくて、人間の最も基本にある「品性」のことですね。

ちょっと話が拡がってしまいますが、狩猟、牧畜を生活基盤にしている文明圏と、私たちのように稲作を暮らしの基盤にしている文明圏では、道徳の成り立ちにも大きな違いがある。小津さんは徹底した稲作文明の人でしょう。だから、あんなにも親子の問題を繰り返し取り上げるのです。稲作民が持っている植物にそっくりな暮らしの循環と言いますかね、そこに道徳が育つ。植物が次に来る命に対して果たす無償の努めとか気遣いとか、そういうものから育つ道徳がある。小津さんの映画は一貫してそれですよ。そこで養われた品性が、すみずみに行き渡っている。

小栗――ヨーロッパの映画は完璧に狩猟的です。シューティングですからね。もうそこからして違います。ショットもそうでしょうか。

前田――あえて言うなら、欧米映画にある迫力というか、能動性は、いつも侵略性と紙一重ですよ。文明の基盤がそもそもそうだ。小栗さんのショットは、あくまで植物的な原理に立っていますね。植物は、ある土地に産まれて育って、そこに根を張って生きていくしかない。たとえ植え替えられても、その植物が持っている生命の姿、一つの植物としての運命、それは変えられない。そういう原理に従って黙々と生きている人間たちの悲しみとか喜びとかね、それが小栗映画の底を絶えず流れる基調音だと感じます。藤田嗣治のような歴史上の人物を描いても、そのことには少しも変わりがないのです。

小栗――映画は近代になって出てきたものですから、移動とか交通とか、速く遠くに動いていくものを称賛するところがあって、映画は反ローカリズムとして考えられてきたところがあります。でもじっさいにやっていると、映画ほどローカルなものはないと思うんです。

だって事物というのは、すべてローカルにしか存在していません。普遍の事物があるというのは幻想です。映画はその事物の一つひとつと出会って成立しています。そこに目を開いていくと、映画は世界言語だなんて簡単に言えない。それは近代のまやかしではないかとすら、今は思うようになっています。

前田――ありのままの生命は、ローカルなものです。近代の機械文明は、人間を人間が育つ土地から引きはがしたでしょう。映画に用いるキャメラは一つの機械ですが、これはむしろ機械文明と正反対の流れを人間の視覚のなかに開いてくれたと思うんです。いわば、植物的な、徹底してローカルな、動物の行動を離れた視覚ですね。その意味で、映画の原理はむしろ稲作の文明を持つ土地に一番適している。生の植物的循環に親しく響き合うものがある。小津が、俺は豆腐屋だから、トンカツは作れない、と言っていたのはそのことですね。小津以上に映画の本性に即して生きた監督は、世界にいない。

小栗――視覚も聴覚もそうでしょうけど、やはり映画を見るということは、接触ではありませんから、本質的に非闘争です。大事なことは、この平和性ですね。見ている側になんの危害、災難も及ばないという意味で、ドンパチがある娯楽映画は実にたくさんありますが。

前田――『泥の河』に出てくるうどん屋の親子も、加賀まり子（※32）が演じる娼婦にしても、みんなちゃんとした暮らしの道徳を身に付けて生きていますね。その道徳は、理屈じゃない、暮らしのなかの振る舞いとしてなんでもなくあるものです。子供たちは、それによってしつけられている。

小栗――どうして、そういうものが壊れていったんでしょうね。

前田――近代的な富の追求、これが生きる目的になり、意味になり、すべての価値に取って替わるものになったからでしょう。今言われているグローバリズムとか新自由主義とかいうものは、その最終形態かもしれません。

まさに『泥の河』の時代ですよ、電気洗濯機を買って、冷蔵庫を買って、そのなかにはハムやチーズやコカコーラがいっぱい入っていて、「まあ、すてき」なんて思っていた時代（笑）。その時に、うどん屋の道徳も、宿舟の娼婦の道徳も壊れていったと思います。加賀まり子が、舟を訪ねてきた信雄に、黒砂糖をあげて、「もうここには来ないほうがいい」と言うシーンがあるでしょう。壁越しにね。ああいう暮らしをしていてさえ、人が来たらちゃんともてなす。いいですねえ。「廓舟」という言葉を、うどん屋にきた常連が使うでしょう。喜一を見て「これはあそこの子や、このあいだ客引きしとったで」なんてね。すると信雄の父親（田村高廣）が調理場からすかさずやって来て「出ていけ！」って言う。あれもいいエピソードですね。

小栗――その、きっぱりとした物言い、ですね。もちろん「廓舟」などというものはありません。これは宮本さんの見事な造語です。艀で荷物を運んだりしている人たちが、宿舟で暮らしたりするということはありましたが。そういう労働者が住む舟で売春をやるということはなかったでしょう。

道徳というべきものがなくなると、どんな映画を撮ったところでなにも写ってこないということになりませんか？　役者が上手いとか下手とかではなくて、写らなくてはならないものが被写体から抜け落ちていてはどうにもならない。物語で筋は運ぶことはできる。勝ったり負けたりということも写すこともできる。でも肝心要のものが写っていない。これは演技論じゃありません。映画の役者なんて下手でいいんですよ。

前田——笠智衆（※33）なんてね。あれはすごい役者ですよ。

小栗——いるだけで、すべて、ですからね。すっくと背筋の伸びている、これは演技などというものではないです。演技なのでしょうが、小手先でどうこうできるものではない。

前田——日本の昔の俳優の品のよさは、やはり〝稲作の文明〟と関係ありますかね。なにかにつけ、忙しい忙しいと言うのは、近代の都会生活者の慢性的な病気ですよ。小津の『東京物語』は、そこをよく描いていますね。原節子に義父の笠智衆が「忙しいんじゃなかったのか？」と訊くと、にっこりして「いいえ、ちっとも」（笑）。自分が忙しいなんて言わないのは、道徳の根本ですよ。小栗さんから、忙しいなんて一言も聞いたことがないです。

小栗——私は本当に忙しくないですから（笑）。前田さんの著書『倫理という力』にありましたね。

前田——忙しいのは、誰だって忙しい。忙しい時に「忙しい」って言わない、これには立派な意志が要りますからね。ただ生きているだけには甘んじない意志が。

小栗――前田さんの同じ本の中に……やっている以上はやってない人に対して責任を持てという……

前田――私の子供時代に剣道の先生が言ったことですね。「おまえたちは剣道をやっているのだから、やっていない人間に対して責任がある」と。だから電車に乗ったら、最後に座る者になって立っていろと。あれはいい教えでしたね。つまり、剣道をやるってことは、自分を強い者として選ぶということだ、ほんとは弱くてもね。無理して選ぶ。選んだ時に、子供はなにか遠い道徳の系譜のようなものにつながるんです。その喜びを、先生は教えたんだと思う。

小栗――それは正しいねえ。ここから対談を始めてもらっていいですか？（笑）。映画監督は撮っていない人たちに、責任を持つ。今は誰でもカメラを持てますが、昔はそうではなかった。特別なものだった。だから、それを人に対して振りかざして、権力的になっていた監督たちが少なからずにいた。

前田――『泥の河』の最後で、信雄は喜一から、喜一は信雄から離れるでしょ。あそこには、語り尽くせない意味がありますね。

小栗――離れることを自覚する。

前田――ここにも、言葉にならない道徳のようなものがある。登場人物すべてにそれがありますね。そこは、たぶん観る者誰もがわかって、心を動かすところでしょう。

小栗――いやしい人間を撮ってなんの意味があるんですかね。

前田――そのとおり。最高の言葉ですね。

小栗――だってさ、俺、商人の倅ですよ（笑）。およそ芸術なんて無縁に育ったんです。せめてもの自恃です。

前田――小津もそうですよ。彼も松坂商人の倅。

小栗――それが精一杯がんばって、映画を撮るなんてね。ありえないことだった。そういう我慢のようなものだけはあった。

前田――小栗さんという人は、人生の岐路でたまたま映画監督になったけれども、詩人になっても絵描きになっても、小栗さんは小栗さんの仕事をしただろうと思う。小栗映画と同じ高い質の作品を作ったでしょう。半分は偶然、半分はなるべくして映画監督になったと思うけど。

小栗――いや、半分じゃないな。八割偶然（笑）。それくらいの自覚しかない。

前田――だけど、映画でなければならないなにかがあったんでしょう。小栗さんのなかにね。

小栗――中学、高校とかを振りかえると、当時はそんなふうには思えるはずもなかったけれども、やはり映画しかなかった。

前田――天の命じるところかな。

小栗――高校の時にははっきり自覚したことは「自分には言語が不足している」。そういう確信でした。だから映画を撮りたいと。

前田――不足しているというより、突き抜けちゃっていたんだろうなあ。

小栗――いや、表現する言語を、自分は本当に持っていないという自覚です。

前田――しかし、小栗さんは小説を本当に深く読んでいますね。原作となった小説を、穴が開くほど見つめて、読んでる。

小栗――いやいや、恥ずかしい限りです。高校生になってから文学、社会思想、映画といったものに初めて触れるようになったのです。それまではただのやんちゃなガキで、家は商売屋でしたから、生活の言葉だけが飛び交っていた。群馬の空っ風に吹きさらされて、その言葉はささくれ立っていたような印象があります、文学で出会っていく瑞々しい言葉とはまったく違うものです。その文学が身に入ってくればくるほど、その言葉を使えないでいる貧しい自分と向かい合わざるを得なかった。そんな時に、映画を知ったのだと思います。映画で喋っていることは文学の言語ではなくて、生活言語です。自分にも馴染みのある言葉です。その暮らしのなかで馴染んでいた言葉が、言葉としてはそのままであるにもかかわらず、映画という時空間のなかで「表現」になっていく。その発見が、私の映画への、なけなしの手掛かりでした。

前田――天に従った自己発見というところかな。

小栗――前田さんは今度新たに小津論を書かれたとのことですが、最初に小津さんについての本を書かれたのは何年前でしたか？

前田――えーと、二十三年くらい前です。『小津安二郎の家』って小さな本で。

小栗――前田さんのさまざまな書籍、文章を読んできてはいるのですが、本当のことを言いますと、最近になってようやく理解が追いついたという感じです（笑）。

前田――そりゃ、書き手が下手だから。

小栗――ベルクソン（※34）でもドゥルーズ（※35）でも……ドゥルーズはまだ追いつけないなあ（笑）。『ベルクソン哲学の遺言』はよかったです。私にもようやく、ああ、これは我がことだ、と思えるようになってきました。二十一世紀、世界の映画がだらしなくなってきている時に、前田さんがどのように小津さんをお書きになっているのか、すごく興味深いです。

前田――ありがとうございます。まあ、ドゥルーズもベルクソンもね、翻訳だけで理解するのはかなり難しいと思いますね。正直言って、私だったらわからない。でも、みんな「わからない」と言わないでしょう（笑）。頰被りして、わかったことにしている。そこに近代日本の昔からの問題がありますよ。

小栗――でも前田さんの文章は、言語をもって生きる人間の、喜びと悲しみ、このことだけは真っ直ぐに前田さんの感情として伝わってきます。

前田——うれしい言葉ですね。

※1　宮本輝　みやもと・てる（一九四七〜）
兵庫県生まれ。小説家。一九七七年『泥の河』で太宰治賞、翌年『螢川』で芥川賞を受賞し、作家としての地位を築く。他に『優駿』、『骸骨ビルの庭』など。

※2　大和屋竺　やまとや・あつし（一九三七〜一九九三）
北海道生まれ。映画監督、シナリオ作家。日活退社後の一九六六年に若松プロ作品『裏切りの季節』で監督デビュー。主な監督作品に『荒野のダッチワイフ』、『毛の生えた拳銃』、『愛欲の罠』など。

※3　若松孝二　わかまつ・こうじ（一九三六〜二〇一二）
宮城県生まれ。映画監督。一九六三年に『甘い罠』で監督デビュー後、ヒット作を連発し、ピンク映画の巨匠と呼ばれた。一九六五年に「若松プロダクション」を設立し、若手監督作品をプロデュースも手掛ける。晩年も『実録・連合赤軍 あさま山荘への道程』、『キャタピラー』などを世に問うた。

※4　浦山桐郎　うらやま・きりろう（一九三〇〜一九八五）
兵庫県生まれ。映画監督。一九六二年に『キューポラのある街』で監督デビュー。代表作に『私が棄てた女』（遠藤周作原作）、『青春の門』（五木寛之原作）など。

※5　藤本真澄　ふじもと・さねずみ（一九一〇～一九七九）
中国旅順(現大連市)生まれ。映画プロデューサー、元東宝映画社長。戦前から成瀬巳喜男監督作品を手掛け、戦後も「社長シリーズ」「若大将シリーズ」など大ヒット作を手掛けた。

※6　篠田正浩　しのだ・まさひろ（一九三一～）
岐阜県生まれ。映画監督。一九六〇年に『恋の片道切符』で監督デビュー。一九六七年に独立後『心中天網島』で評価を得る。他に『乾いた花』、『はなれ瞽女おりん』、『少年時代』、『写楽』など。

※7　大島渚　おおしま・なぎさ（一九三二～二〇一三）
岡山県生まれ。映画監督。一九五九年に『愛と希望の街』で監督デビュー。翌年の『青春残酷物語』で松竹ヌーヴェル・ヴァーグの旗手として注目された。他に『愛のコリーダ』、『戦場のメリークリスマス』など。

※8　松竹ヌーヴェル・ヴァーグ
一九六〇年代前半に活躍した大島渚、篠田正浩、吉田喜重など、松竹の若手監督たちを指した。大島渚の『青春残酷物語』をはじめとする反権威的姿勢の作品とその監督を、フラ

ンスのヌーヴェル・ヴァーグになぞらえて呼んだ言葉。

※9　小津安二郎　おづ・やすじろう（一九〇三～一九六三）
東京都生まれ。映画監督。松竹蒲田撮影所に入所後、一九二七年に『懺悔の刃』で監督デビュー。その後『大人の見る絵本　生れてはみたけれど』やトーキー映画『一人息子』を手掛け、戦後『晩春』、『麦秋』、『東京物語』、『秋刀魚の味』などで作風を確立した。

※10　今村昌平　いまむら・しょうへい（一九二六～二〇〇六）
東京都生まれ。映画監督。、松竹大船撮影所に入社後、小津安二郎の助監督をつとめた。日活に移籍後、一九五八年に『盗まれた欲情』で監督デビュー。翌年の『にあんちゃん』で注目される。他に『にっぽん昆虫記』、『復讐するは我にあり』、『楢山節考』、『うなぎ』など。

※11　内藤昭　ないとう・あきら（一九二八～二〇〇七）
映画美術監督。溝口健二監督の大映時代の作品に美術助手として参加。「眠狂四郎シリーズ」や「座頭市シリーズ」『悪名』『泥の河』などで美術を手掛けた。

※12　水谷浩　みずたに・ひろし（一九〇六～一九七一）

岐阜県生まれ。映画美術監督。松竹蒲田撮影所に入社。その後新興キネマや松竹京都撮影所などに籍を置き、戦後は大映京都撮影所の移籍。溝口健二監督作品『残菊物語』、『西鶴一代女』、『近松物語』、『赤線地帯』などで知られている。

※13　田村高廣　たむら・たかひろ（一九二八～二〇〇六）
京都府生まれ。俳優。父は時代劇俳優の阪東妻三郎、弟に俳優の田村正和、田村亮がいる。松竹に入社後、一九五四年公開の木下恵介作品『女の園』で映画デビューを果たす。松竹退社後は大映映画の「兵隊やくざシリーズ」で人気を確立。『泥の河』は自他ともに認める代表作。

※14　藤田弓子　ふじた・ゆみこ（一九四五～）
東京都生まれ。女優。一九六八年のNHK連続テレビ小説『あしたこそ』でヒロインを演じ注目を浴びる。ドラマ以外でも『小川宏ショー』などでお茶の間の人気を得る。映画では『三日月情話』、『泥の河』、『さびしんぼう』などで好演している。

※15　八木昌子　やぎ・まさこ（一九三八～二〇一五）
東京都生まれ。女優。一九六一年に文学座に入座。翌年『女の一生』で初舞台を踏む。映画は一九六五年の『悦楽』でデビュー。その後NHK大河ドラマなどで活躍する一方、映画では『泥の河』、『虹をつかむ男2 南国奮斗闘篇』、『眠る男』、『男はつらいよ 拝啓車寅

次郎様』などに出演。
※16『伽倻子のために』
小栗康平監督作品の第二作。一九八四年公開。原作は李恢成の同名小説。脚本：太田省吾、小栗康平。出演：呉昇一、南果歩、浜村純、園佳也子、加藤武、川谷拓三他。
※17『FOUJITA』
小栗康平監督作品の第六作。二〇一五年公開。画家・藤田嗣治の半生を描く。脚本：小栗康平。出演：オダギリジョー、中谷美紀、アナ・ジラルド、アンジェル・ユモー、マリー・クレメール、加瀬亮、りりィ、岸部一徳他。
※18 木下恵介 きのした・けいすけ（一九一二〜一九九八）
静岡県生まれ。映画監督。一九三三年に松竹蒲田撮影所に入社。一九四三年に『花咲く港』で監督デビュー。一九五一年に国内初のカラー映画『カルメン故郷に帰る』を発表。その後『二十四の瞳』、『女の園』、『楢山節考』などで評価を確立した。
※19 リュミエール兄弟
オーギュスト・リュミエール（一八六二〜一九五四）、ルイ・リュミエール（一八六四〜一九四八）の兄弟。二人は、エジソンが発明した、箱の中を覗いて映画を見る装置（キネ

トスコープ）に触発され、スクリーンに投影して映像を見るシネマトグラフを開発した。

※20『死の棘』
小栗康平監督作品の第三作。一九七七年公開。原作は島尾敏雄の同名小説。脚本：小栗康平。出演：松坂慶子、岸部一徳、木内みどり、松村武典、近森有莉 他。

※21『埋もれ木』
小栗康平監督作品の第五作。二〇〇五年公開。脚本：小栗康平、佐々木伯。出演：夏蓮、松川リン、榎木麻衣、浅野忠信、坂田明、大久保鷹、田中裕子、岸部一徳 他。

※22『一人息子』
一九三六年に公開された小津安二郎監督作品。小津にとって初のトーキー映画。出演：飯田蝶子、日守新一、葉山正雄、坪内美子、吉川満子、笠智衆 他。

※23『彼岸花』
一九五八年に公開された小津安二郎監督作品。原作は里見弴の同名小説。脚本：野田高梧、小津安二郎。出演：佐分利信、田中絹代、山本富士子、有馬稲子、久我美子、佐田啓二、高橋貞二、笠智衆 他。

※24　『鏡獅子』
一九三六年に公開された小津安二郎監督による短編ドキュメンタリー映画。日本文化としての歌舞伎を海外に宣伝するための映画として作られた。出演：六代目尾上菊五郎。

※25　西崎英雄　にしざき・ひでお（一九一八〜二〇〇〇）
岡山県生まれ。映画録音技師。一九三九年に松竹大船撮影所に入社。日本映画初のステレオ録音を行った。主な作品に『人間の條件』など。小栗作品『泥の河』、『伽倻子のために』、『死の棘』を手掛けている。

※26　小林正樹　こばやし・まさき（一九一六〜一九九六）
北海道生まれ。映画監督。一九四一年に松竹大船撮影所助監督部に入社。戦後、木下恵介監督のもとで助監督をつとめ、一九五二年に『息子の青春』で監督デビュー。主な作品に『黒い河』、『人間の條件』、『切腹』、『怪談』など。

※27　武満徹　たけみつ・とおる（一九三〇〜一九九六）
東京都生まれ。作曲家。戦後、清瀬保二に作曲を師事したが、ほぼ独学で作曲を学ぶ。「ノヴェンバー・ステップス」など日本の伝統との接点を探る独特の音楽を作り出す一方、映画、舞台作品にも音楽を提供した。

※28　カール・テオドア・ドライヤー（一八八九〜一九六八）
デンマークの映画監督。ジャーナリストとして演劇評、また脚本の執筆などを経て、一九一八年に第一作『裁判長』で監督・脚本を手掛ける。主な作品に『ミカエル』、『裁かるるジャンヌ』、『吸血鬼』、『怒りの日』、『奇跡』など。

※29　ロベール・ブレッソン（一九〇一〜一九九九）
フランスの映画監督。一九三四年に『公共問題』で監督デビュー。俳優の芝居を嫌ったため、作品ごとに素人ばかりを採用し、出演者を「モデル」と呼んだ。主な作品に『田舎司祭の日記』、『スリ』、『少女ムシェット』など。

※30　アンドレイ・タルコフスキー（一九三二〜一九八六）
ソ連の映画監督。一九六〇年に制作した映画大学の卒業制作『ローラーとバイオリン』で注目を浴びる。その後一九六二年に『僕の村は戦場だった』でデビュー。主な作品に『鏡』、『ストーカー』、『ノスタルジア』、『サクリファイス』など。

※31　ビクトル・エリセ（一九四〇〜）
スペインの映画監督。一九七三年に発表した長編第一作『ミツバチのささやき』で注目を浴びる。その後長編作品としては、『エル・スール』、『マルメロの陽光』を発表している。

※32　加賀まり子　かが・まりこ（一九四三〜）
東京都生まれ。女優。一九六二年に『涙を、獅子のたて髪に』で映画デビュー。その後『美しさと哀しみと』などの映画、劇団四季『オンディーヌ』などの舞台の他、テレビ、CMなどでも活躍。

※33　笠智衆　りゅう・ちしゅう（一九〇四〜一九九三）
熊本県生まれ。俳優。小津安二郎監督に見出され、一九二八年に同監督作品『若人の夢』に出演。その後『晩春』、『麦秋』、『東京物語』など小津作品に欠かせない存在になる。その他、山田洋次、木下恵介の作品などにも出演。

※34　アンリ・ベルクソン（一八五九〜一九四一）
フランスの哲学者。主な著書に、博士号論文として書かれた『時間と自由』、『物質と記憶』、『創造的進化』など。

※35　ジル・ドゥルーズ（一九二五〜一九九五）
フランスの哲学者。主な著書に、『差異と反復』、『意味の論理学』、またフェリックス・ガタリとの共著『アンチ・オイディプス』、『千のプラトー』など。

［キャスト］

板倉晋平	田村高廣
板倉貞子	藤田弓子
松本笙子	加賀まりこ
板倉信雄	朝原靖貴（子役）
松本銀子	柴田真生子（子役）
松本喜一	桜井稔（子役）
塩田（荷車の男）	芦屋雁之助
タバコ屋のおばあさん	初音礼子
倉庫番の高山	西山嘉孝
巡査	蟹江敬三
食堂の客・男1	松田明
食堂の客・男2	鈴木淳
食堂の客・男3	中野耿一郎
屋形舟の男	殿山泰司
見知らぬ男の客	麻生亮
佐々木房子	八木昌子

泥の河

1981年　日本映画
木村プロダクション製作

［スタッフ］

製作	木村元保
原作	宮本輝
脚本	重森孝子
撮影	安藤庄平
照明	島田忠昭
録音	西崎英雄、平井宏侑
美術	内藤昭
編集	小川信夫
音楽	毛利蔵人
音響効果	本間明
装飾	安田彰一
記録	八巻慶子
助監督	高司暁
制作補	藤倉博

【DVDについてのご注意】

DVDビデオは、映像と音声を高密度に記録したディスクです。DVD対応プレーヤーで再生してください。パソコン、ゲーム機などでの再生では、その仕様や環境により、不具合が発生する場合があります。

〈再生上のご注意〉

●このディスクは、プレーヤーに挿入後、自動的にメニュー画面または本編の再生を開始します。ただし、プレーヤーによっては「PLAY」ボタンを押さないと動作しない場合があります。

●このディスクは、地域番号（リージョンナンバー）2で設定されています。

●製作者の意向により、チャプターはありません。

〈取り扱い上のご注意〉

●ディスクは、両面共に、指紋、汚れ、キズなどを付けないように取り扱ってください。

●ディスクが汚れた時は、メガネふきのような柔らかい布で、内周から外周に向かって放射線状に軽くふきとってください。レコードクリーナーや溶剤などは使用しないでください。

●ディスクは、両面共に、鉛筆、ボールペン、油性ペンなどで文字や絵を書いたり、シールなどを添付しないでください。

●ひび割れや変形、または接着剤などで補修したディスクは、危険ですから絶対に使用しないでください。

〈保管上のご注意〉

●使用後は必ずプレーヤーから取り出し、DVD専用ケースに収め、直射日光の当たるところや、高温多湿な場所は避けて保存してください。

〈鑑賞上のご注意〉

●暗い部屋で画面を長時間見続けることを避け、小さなお子様の試聴は、保護者の方の目の届くところでお願いします。

＊おことわり

小栗康平（おぐり・こうへい）

一九四五年、群馬県前橋市生まれ。早稲田大学第二文学部演劇専修卒業後フリーの助監督になり、浦山桐郎監督『青春の門』、篠田正浩監督『心中天網島』などに参加。第一回監督作品は一九八一年の『泥の河』。自主上映され、やがて全国展開。キネマ旬報・ベストテン第一位、モスクワ映画際銀賞など国内外で数々の賞を受賞した。以後、八四年『伽倻子のために』（ジョルジュ・サドゥール賞）、九〇年『死の棘』（カンヌ国際映画祭グランプリ・カンヌ90、国際批評家連盟賞受賞）、九六年『眠る男』（モントリオール世界映画祭審査員特別大賞受賞）、二〇〇五年には『埋もれ木』を発表し、第58回カンヌ国際映画祭で特別上映された。二〇一五年に前作から十年ぶりとなる『FOUJITA』を発表。著書に『哀切と痛切』、『見ること在ること』（平凡社）、『映画を見る眼』（NHK出版）、『時間をほどく』（朝日新聞社）がある。

前田英樹（まえだ・ひでき）

一九五一年、大阪府生まれ。中央大学大学院文学研究科修了。立教大学現代心理学部映像身体学科教授。専攻はフランス思想。主な著書に『沈黙するソシュール』、『小津安二郎の家』（書肆山田）、『映画＝イマージュの秘蹟』（青土社）、『ソクーロフとの対話』、『小林秀雄』（河出書房新社）、『在るものの魅惑』（現代思潮社）、『倫理という力』（講談社新書）、『宮本武蔵「五輪書」の哲学』（岩波書店）、『独学の精神（ちくま新書）、『日本人の信仰心』（筑摩選書）、『深さ、記号』（書肆山田）、『保田與重郎を知る』（新学社）、『ベルクソン哲学の遺言』（岩波書店）、『剣の法』（筑摩書房）など。

小栗康平コレクション1 DVD + BOOK

泥の河

二〇一五年十一月二十日 初版発行

著者 小栗康平、前田英樹

発行者 井上弘治

発行所 駒草出版 株式会社ダンク出版事業部
〒一一〇-〇〇一六
東京都台東区台東一-七-一 邦洋秋葉原ビル二階
TEL 〇三-三八三四-九〇八七
FAX 〇三-三八三四-四五〇八
http://www.komakusa-pub.jp

DVD製作 株式会社オムニバス・ジャパン

印刷 新灯印刷株式会社

製本 東京美術紙工協業組合

落丁・乱丁本はお取り替えいたします。定価はカバーに表記してあります。

ISBN978-4-905447-55-9 C0074